LA
PRÁCTICA
DE LA
HUMILDAD

—•—

60 CONSEJOS PARA ADQUIRIR ESTA
GRAN VIRTUD

PAPA LEON XIII

SENSUS FIDELIUM PRESS

Gastonia, North Carolina

ISBN 978-1-962639-14-9

—•—

D iscite a Me quia mitis sum et humilis corde.
  Aprended de Mí, que soy manso y humilde de corazón.
Mateo —11:29

Humilibus dat gratiam.
A los humildes Él les da gracia.
—1 Pedro 5:5

CONTENTS

PRÓLOGO

El mayor ejemplo de humildad es nuestro Señor Jesucristo mismo. El verdadero fundamento de la humildad se encuentra, por tanto, en el ejemplo del mismo Dios, hecho hombre. "La humildad es tan importante para el hombre, que la majestad divina quiso recomendarla también con su ejemplo. El hombre orgulloso se habría perdido para siempre si Dios no hubiera venido a buscarlo humillándose. En efecto, el Hijo del hombre vino a buscar y a salvar lo que estaba perdido (Lc 19,10). El hombre se perdió por haber seguido la soberbia del tentador; por eso, ahora que ha sido encontrado, que siga la humildad del Redentor. (San Agustín, In Ioan. tr. 55, 7) El edificio espiritual del alma cristiana debe tener, por tanto, un profundo fundamento de humildad, que se asienta en la verdad de la Encarnación de Dios. "Hay más santos en el cielo que no han dado limosna; y su pobreza los justifica.

Hay más santos que no han castigado el cuerpo con la austeridad del ayuno o del cilicio, y la debilidad de su propia constitución los excusa. Hay más santos que no fueron vírgenes; porque así lo ha dispuesto su vocación. Pero en el cielo no hay santo que no haya sido humilde. ¿Echó Dios del cielo a los ángeles porque eran soberbios, y pretenderemos nosotros entrar en él si no nos mantenemos en la debida humildad? Sin humildad, dice San Pedro Damián (Sermo 45), ni la misma Virgen María con su incomparable virginidad hubiera entrado en la gloria bendita de Cristo, y debemos convencernos de esta verdad, de que sin algunas otras virtudes aún podemos salvarnos, pero no ya sin la humildad. Hay quienes piensan que pueden hacer mucho conservando en sí mismos la castidad inmaculada; y esto es realmente un hermoso friso; pero más que la virginidad, enseña el Angélico Santo Tomás (In 4 dist. 33, quaest. 3, art. 3, ad 6) que se puede estimar la humildad. Cuán pocas veces se emplea la diligencia y la cautela contra los vicios espirituales, de los cuales el primero es el orgullo, y es el peor de todos, el único que bastó para transformar al ángel en demonio" (Gaetano da Bergamo, L'umiltà del cuore).

"La humildad debe formar parte de la verdad y no de la mentira" (San Agustín, De natura et gratia, 34). La práctica de la humildad debe continuar durante toda nuestra vida, ya que nunca llegamos al punto de decir que la hemos alcanzado. Por lo tanto, mientras vivamos, debemos esforzarnos por adquirir la humildad, y nunca debemos imaginar que la hemos adquirido; e incluso si la tenemos en algún grado, debemos, no obstante, para conservarla, esforzarnos por adquirirla, como si no la tuviéramos. Toda la regla de la sabiduría cristiana consiste en la humildad genuina y voluntaria. Es el fundamento de la fe. Es la raíz de todas las demás virtudes, como el orgullo es la fuente de todo pecado. La humildad es la madre, la nutricia, el apoyo y el ancla de la verdadera piedad. Todas las buenas obras no valen nada si no las asegura la humildad. El lugar más bajo en este mundo es por esta misma razón el más alto en humildad.

La humildad cristiana es un espejo de la realidad más bella que Dios creó, un espejo de la gracia. San Agustín, el maestro de la gracia, dice que Dios nos perdona incluso los pecados que no hemos cometido; nos los perdona en el sentido de que con su gracia nos impide cometerlos. "No hay pecado cometido por uno que otro no pueda cometer, si falta la guía de Dios, que hizo al hombre" (Serm. 99,6). La verdadera humildad cristiana se revela en un corazón siempre arrepentido: cor semper poenitens, que es un constante arrepentimiento amoroso en nuestro corazón. Santa Teresa del Niño Jesús, Santa del camino de la infancia espiritual, y excelente maestra de humildad, decía: "Lo único que no se envidia es el último lugar, así que sólo existe este último lugar que no es vanidad y aflicción espiritual. Por tanto, coloquémonos humildemente entre los imperfectos, considerémonos pequeñas almas a las que el buen Dios debe sostener cada vez; en cuanto nos ve convencidos de nuestra nada, nos tiende la mano para sostenernos" (Carta 243).

La nueva edición del libro La práctica de la humildad, del Papa León XIII, lanzada por la Editorial Sensus Fidelium, es, por tanto, de una importancia intemporal para una verdadera vida cristiana, especialmente en nuestros días, en los que el vicio del orgullo parece dominar la vida de la sociedad e incluso dentro de la Iglesia. Que este libro traiga abundantes frutos espirituales a todos sus lectores y ayude a difundir no sólo el conocimiento de la verdadera humildad, sino también la práctica de esta virtud como el camino más seguro, el más real, hacia el cielo. Si hubiera otro camino, Dios nos lo habría mostrado. Pero no hay otro camino. Puesto que, en el que nos precedieron Nuestro Señor Jesucristo mismo, Su Inmaculada y humildísima Madre María, y todos los Santos.

+ Athanasius Schneider, Obispo Auxiliar de Santa María en Astana

Prefacio

EL CARDENAL NEWMAN, al hablar en el Oratorio de Birmingham el pasado mes de enero, con ocasión del Jubileo Papal, dijo: "El Santo Padre vivió una larga vida antes de ser Papa, y poco se sabía de él, pero ahora, en los pocos años que lleva como Papa, ha hecho cosas que puede decirse que ningún otro hombre podría hacer. Supongo que ninguno de los aquí presentes había oído su nombre antes de ser nombrado Papa. No parecía probable que alguna vez dejara Perugia, su obispado, pero fue encontrado -como otros han sido encontrados- por una especial providencia e inspiración de Dios, y nosotros en nuestra ignorancia no sabíamos nada de él".

Este tratado de oro sobre La Práctica de la Humildad, de la pluma del Soberano Pontífice reinante, que ahora se presenta al público inglés, viene entonces como una revelación, y levanta el velo que hasta ahora ha ocultado a la vista los largos años de su reclusión comparativa pasados en Perugia. Nos muestra la obra que la gracia divina estaba realizando en su corazón durante ese tiempo de su "vida oculta" de preparación inconsciente para la tiara, y nos enseña la escuela en la que se formaron y maduraron su gran carácter y su elevado genio. A la vez que delinea la humildad a la que deben aspirar los que aspiran a la perfección, en realidad nos presenta un hermoso retrato del mismo Santo Padre, y nos pone en contacto con su mismo espíritu.

San Gregorio Magno escribió de San Benito: "Un hombre tan santo no podía enseñar de otro modo que como vivía".—*Sanctus vir nullo modo potuit aliter docere quam vixit.*

Aquellos que se han visto obligados por el deber a renunciar a la gratificación de una peregrinación a la Ciudad Eterna para el Jubileo Papal y a permanecer en casa -esos miles de hijos e hijas leales de la santa Madre Iglesia esparcidos por todo el Reino Unido, en la ciudad y en la aldea, en la casa noble y en la humilde casa de campo- todos y cada uno, al leer esta pequeña obra, adquirirán un conocimiento más familiar e íntimo del Pastor Supremo de sus almas del que podrían disfrutar simplemente contemplando su rostro y escuchando su voz. El lector se sentirá atraído por el hechizo y la fascinación de su vigoroso intelecto y su asombrosa elocuencia, y exclamará: "¿No son sus palabras como un fuego y como un martillo que rompe la roca en pedazos?

Aunque dedicado a sus Seminaristas, el libro se encontrará muy adecuado para todas las clases y condiciones de hombres. ¿No hay razón para pensar que incluso será tan apreciado por los fieles como para situarse al mismo nivel que la "IMITACIÓN" y el "COMBATE ESPIRITUAL"? Tan fieles a la vida son sus advertencias, tan profundas y profundas sus lecciones, que a lo largo de toda ella el Santo Padre parece hablar como el director espiritual de cada alma individual, como el médico de cada corazón humano y como el Buen Pastor en busca de la oveja perdida. Que alguien tan bien versado en los secretos de la vida interior, y tan plenamente familiarizado con los sufrimientos de la pobre humanidad, ponga su dedo en La Práctica de la Humildad como la necesidad clamorosa de la época, y como el ejercicio más necesario para la formación de un sacerdocio ascético, no es antinatural. Porque así como nuestro bendito Señor atrajo a todos los hombres hacia sí por su cruz y por su humildad, así también sus Vicegerentes en la tierra continuarán cumpliendo su gloriosa y divina misión en el mundo por el uso de estos mismos potentes medios.

A aquellos que no pertenecen al redil y que, reconociendo la versatilidad y el alcance de su mente maestra, han estado acostumbrados hasta ahora a considerarlo meramente como el erudito consumado y el filósofo agudo, el gran estadista y el árbitro de las naciones, este libro les revelará el secreto que lo elevó a su gloria incomparable actual, y también el que lo sostiene en ella.

Ningún cristiano reflexivo dudará de que la explicación verdadera y sobrenatural de todos esos logros y triunfos puede atribuirse a su humildad de espíritu. De hecho, el Soberano Pontífice señaló él mismo esta verdad en aquellas memorables y, por así decirlo, proféticas palabras pronunciadas en respuesta al discurso del Sagrado Colegio el día de su coronación, el 3 de marzo de 1878: "Convencidos de que el Dios más misericordioso es Aquel que elige las cosas débiles de este mundo para confundir a los fuertes, vivimos en la certeza de que Él sostendrá nuestra debilidad y elevará nuestra humildad para mostrar Su poder y hacer brillar Su fuerza".

En conclusión, Su Santidad ha embellecido este tratado con un rico apéndice de varios pensamientos entresacados de escritores espirituales, y precedido por el sermón del gran Obispo de Hipona sobre el "Temor de Dios y la verdadera humildad". Al confrontar en sus originales el inmortal capítulo de San Benito sobre la Humildad con el discurso de San Agustín, es bastante perceptible que ésta debe haber sido una fuente de la cual el Legislador Monástico tomó sus inspiraciones, usando como lo hace en un lugar sus mismas palabras y expresiones. Puede ser interesante saber que mil cuatrocientos años más tarde, otra Luz y Legislador de la Iglesia recurrió a la misma fuente. Pues en la audiencia en la que el Papa concedió gentilmente el permiso para la presente traducción, condescendió a entrar en los motivos que le llevaron a componer este valioso tratado, confesando que fue este mismo sermón de San Agustín el que le había inspirado su primera concepción.

Joseph Jerome Vaughan, O.S.B.

Monte Cassino, Pentecostés, 1888.

Breve biografía de León XIII

Nacido Gioacchino Vincenzo Raffaele Luigi Pecci el 2 de marzo de 1810 en Carpineto Romano (37 millas al sureste de Roma), fue elegido el papa número 256 el 20 de febrero de 1878. Sexto de siete hijos, Vincenzo tomaría el nombre de Papa León XIII. Fue el decimotercer Papa en llevar el nombre de León. Escribió ochenta y cinco encíclicas, once de ellas sobre el Rosario. Escribió la Oración de San Miguel tras una visión después de la Santa Misa en la que estaba implicado Satanás. Esta pequeña obra, La práctica de la humildad, fue escrita mientras era obispo de Perugia.

INTRODUCCIÓN

E L FUNDAMENTO de la perfección cristiana, según la enseñanza común de los santos padres, es la humildad. "Para llegar a ser grande -dice San Agustín- es necesario comenzar por ser pequeño. Deseáis construir el edificio de las virtudes cristianas: sabed, pues, que es de una altura inmensa.

Esforzaos, pues, desde ahora en poner sus cimientos muy profundamente en la humildad; porque el que va a levantar un edificio, cava primero los cimientos en proporción al volumen y a la altura de la construcción que se propone." Ahora bien, este pequeño tratado, que os dedicamos, oh amadísimos hijos, os enseña LA PRÁCTICA DE LA HUMILDAD, es decir, os enseña a poner los fundamentos de la perfección cristiana. Pensad, pues, qué gran importancia debe tener para vosotros, que estáis obligados a observar de manera especial aquel mandamiento de Jesucristo: Sed perfectos, como vuestro Padre celestial es perfecto. Por esta razón, estamos seguros de que os hacemos un regalo que os resultará muy apreciado, no sólo por ser una nueva muestra del amor que os profesamos, sino también porque será un medio muy eficaz para la salvación de vuestras almas, la más importante de todas las obras en las que podéis estar comprometidos.

También otro motivo nos ha inducido a dirigiros este librito: a saber, el objeto del estado eclesiástico que habéis abrazado. Este objeto no sólo incluye vuestra propia santificación, sino también la promoción de la de los demás, engrandeciendo el reino de Jesucristo a través de los mismos medios de los que Él se sirvió cuando estuvo en la tierra, pues la humildad de corazón fue su característica distintiva.

Estos mismos medios te permitirán someter el orgullo del mundo, e implantar en los corazones de todos los hombres la mortificación y la humildad de la Cruz. Puesto que Jesucristo no enseñó hasta haber practicado primero, tú también, siguiendo Su ejemplo, debes entrar en el sagrado ministerio ya bien cimentado en LA PRÁCTICA DE LA HUMILDAD. De esta fuente interior e inagotable de todas las virtudes brotarán palabras de consuelo, de aliento y de celo, para afirmar a los justos en la santidad y para reconducir a los extraviados de los caminos del vicio y de la perdición a los de la virtud y de la salvación.

Sea, pues, cada uno de vosotros, en particular, aquel erudito que, en este pequeño tratado que os dedicamos, imagina recibir de su maestro espiritual lecciones sobre LA PRÁCTICA DE LA HUMILDAD, y recordad siempre, queridos hijos, que no hay mayor consuelo que nos podáis dar que el de veros humildes, mansos y obedientes. Confiando, pues, en que siempre os encontraremos así, y en el ardiente deseo que tenemos de que lo seáis de verdad y de hecho, os bendecimos a todos en el Señor, no sin antes exhortaros una vez más encarecidamente a que pongáis todo vuestro empeño en llevar a cabo todo lo que este pequeño tratado os aconseja practicar.

Joachim Cardenal Pecci, Obispo de Perugia

PRÓLOGO

Es una verdad incontrovertible que los soberbios no encontrarán misericordia: que las puertas del reino de los cielos se cerrarán contra ellos, y que el Señor no abrirá esas puertas sino a los humildes. Para convencerse de esto basta con abrir la Sagrada Escritura. Allí se nos enseña en casi todas las páginas que Dios resiste a los soberbios, que humilla a los que se enaltecen, que debemos hacernos semejantes a los niños si queremos entrar en su gloria, que seremos excluidos de ella a menos que llevemos esta semejanza; en fin, que Dios no derrama sus gracias sino sobre los humildes.

Siendo así, no podemos estar demasiado impresionados de lo importante que es para todos los cristianos, y más especialmente para aquellos que abrazan el estado eclesiástico, esforzarse por practicar la humildad, y desterrar de sus mentes toda presunción, toda vanidad, todo orgullo.

Para lograr el éxito en una obra tan santa no se debe escatimar ningún esfuerzo ni trabajo; y como esto no se puede conseguir sin la gracia de Dios, debemos pedírsela con insistencia y con mucha frecuencia. Todo cristiano ha contraído en el santo Bautismo la obligación de caminar tras las huellas de Jesucristo. Él es el Modelo divino al que debemos conformar nuestra vida. Ahora bien, para humillar la exaltación y curar la herida de nuestro orgullo, nuestro

Santísimo Redentor llevó la humildad hasta el punto de convertirse en el oprobio del mundo, enseñándonos así con su propio ejemplo el único camino que conduce al cielo. La lección más importante que nos enseñó nuestro Salvador es, estrictamente hablando, ésta: Aprended de Mí. Discite a Me. Por tanto, oh discípulo de este divino Maestro, si quieres conseguir esta perla preciosísima, que no hay prenda más segura de santidad ni señal más cierta de predestinación, recibe con docilidad los consejos que te doy, y llévalos fielmente a la práctica.

1

—·—

PARTE I

1.

A BRE los ojos de tu alma y considera que de ti mismo no tienes nada que sea bueno por lo cual enorgullecerte de ser algo.

Por ti mismo no tienes nada más que pecado, debilidad y miseria, y con respecto a esos dones de la naturaleza y de la gracia que disfrutas, como los has recibido de Dios, Quien es el principio de tu ser, sólo a Él se debe su gloria.

2.

Por lo tanto, empápate profundamente de la idea de tu propia nada, esforzándote por aumentarla continuamente en tu corazón, a pesar y para vergüenza del orgullo que se enseñorea de ti.

Persuádase íntimamente de que no hay nada en el mundo tan absolutamente vano y ridículo como querer ser muy estimado a causa de ciertas dotes que ha recibido meramente en préstamo de la gratuita munificencia del Creador: pues como dice el Apóstol:-"Si las has recibido, ¿por qué te glorías como si fueran tuyas, y como si no las hubieras recibido?"

3.

Reflexiona con frecuencia sobre tu debilidad, tu ceguera, tu vileza, tu dureza de corazón, tu inconsecuencia, tu sensualidad, tu insensibilidad hacia Dios, tu apego a las criaturas, y sobre una multitud de otras inclinaciones viciosas que brotan de tu naturaleza corrompida.

Que esto sea para ti un fuerte motivo para sumergirte continuamente más profundamente en tu propia nada, y para aparecer siempre completamente pequeño y vil a tus propios ojos.

4.

Deja que el recuerdo de los pecados de tu vida pasada permanezca siempre impreso en tu mente.

Por encima de todas las cosas, convéncete plenamente de que el pecado de orgullo es un mal tan abominable, que cualquier otro, ya sea en la tierra de arriba, o en el infierno de abajo, es como nada en comparación.

Este fue el pecado que hizo prevaricar a los ángeles en el cielo, y que los arrojó de cabeza al infierno; este fue el que corrompió a toda la raza humana y trajo sobre la tierra una infinidad de males, que durarán tanto como dure el mundo, o mejor dicho, tanto como la eternidad. Además, un alma cargada de pecado sólo es digna de odio, desprecio y castigo. Imagínate, pues, qué posible estimación puedes tener de ti mismo, tú que ya has sido culpable de tantos pecados.

5.

Considera, además, que no hay crimen, por enorme o deplorable que sea, al que tu naturaleza corrupta no se incline, y del que no puedas llegar a ser culpable; y que sólo por la misericordia de Dios, y la ayuda de su gracia, te has preservado de él hasta el presente, según aquel dicho de San Agustín: "No hay pecado en el mundo en el que un hombre haya caído, que otro no pueda cometer, si la mano que creó al hombre dejara de sostenerlo."

Llora en tu corazón por tan deplorable estado, y resuelve firmemente considerarte uno de los más indignos pecadores.

6.

Reflexiona con frecuencia que tarde o temprano morirás, y que tu cuerpo tendrá que pudrirse en la tumba.

Mantén constantemente ante tus ojos el inexorable tribunal de Jesucristo, ante el cual todos debemos necesariamente comparecer.

Medita sobre los tormentos eternos del infierno, preparados para los impíos, y más especialmente para los que son más semejantes a Satanás: los soberbios.

Medita seriamente cómo, debido al velo impenetrable que oculta los juicios divinos a los ojos de los mortales, no sabes en absoluto si pertenecerás o no al número de esos réprobos que, en compañía de los demonios, serán arrojados para siempre a ese lugar de infortunio, para ser víctimas eternas de un fuego encendido por el mismo aliento de la ira divina.

Esta incertidumbre debería bastar por sí misma para mantenerte en un estado de suma humildad, e inspirarte un saludable temor.

7.

No te hagas ilusiones de que llegarás a adquirir la humildad, a menos que practiques los ejercicios particulares que conducen a ella.

Actos de mansedumbre, por ejemplo, de paciencia, de obediencia, de mortificación, de odio a ti mismo, de renuncia a tus propios sentimientos y opiniones, de dolor por tus pecados, y cosas semejantes.

Porque éstas son las únicas armas que destruirán en ti la tierra del amor propio, esa tierra abominable que germina todos tus vicios, y en la que tu orgullo y presunción echan raíces y se extienden en exuberante crecimiento.

8.

En la medida de tus posibilidades, guarda silencio y recogimiento, pero procura hacerlo siempre sin incomodar a los demás.

Cuando te veas obligado a hablar, hazlo siempre con reserva, y con modestia y sencillez.

Y si ocurriera que no se te prestara atención, ya sea por desprecio o por cualquier otra causa, no muestres ningún resentimiento, sino acepta la humillación, y sopórtala con resignación y tranquilidad.

9.

Guardaos con la mayor diligencia y evitad cuidadosamente proferir expresiones desdeñosas y altivas, que denoten una presunción de superioridad, así como toda frase estudiada y toda clase de bromas frívolas.

Guarda siempre silencio sobre los asuntos que puedan inducir a los demás a creerte inteligente e intelectual, y digno de su estima. En una palabra, nunca hables de ti mismo sin una buena razón, ni desees hablar de cosas calculadas para atraerte honor y alabanza.

10.

Abstente en tu conversación de observaciones y sarcasmos que puedan herir a los demás; en una palabra, evita todo lo que tenga sabor a espíritu del mundo.

Rara vez hables de asuntos espirituales en tono magistral o como quien da consejos, a no ser que tu cargo o caridad te obliguen a ello.

Habla de estas cosas sólo para ser instruido por alguien que entienda de ellas, y que sepas que es capaz de darte un consejo oportuno; porque hacerse pasar por maestro en cosas espirituales sin necesidad, es echar leña al fuego ardiente, es decir, a la propia alma, que ya está ardiendo de orgullo.

11.

Reprime lo mejor que puedas toda curiosidad vana e inútil, y no estés demasiado ansioso por ver lo que los mundanos llaman cosas raras, bellas y espléndidas.

Estudia más bien para conocer tu deber, y lo que conduce a tu perfección y salvación.

12.

Sé siempre muy exacto y atento en tratar a tus superiores con el mayor respeto y reverencia, a tus iguales con estima y cortesía, y a tus inferiores con caridad.

Da por sentado que cualquier otro comportamiento es señal segura de un alma gobernada por el orgullo.

13.

Siguiendo las máximas del Santo Evangelio, busca siempre el lugar más bajo, plenamente convencido de que eso es precisamente lo que te corresponde.

Así también, en todas las exigencias de la vida, guárdate de que tus deseos y afanes no abarquen demasiado y aspiren demasiado alto.

Confórmate más bien con las cosas sencillas y humildes, como más adecuadas a tu propia pequeñez.

14.

Si te faltan los consuelos terrenales, y si Dios te retira todas las dulzuras espirituales, acuérdate de que siempre has gozado abundantemente de ellas más allá de tus merecimientos, y descansa satisfecho del modo como el Señor trata contigo.

15.

Cultiva sin cesar en tu alma la piadosa costumbre de acusarte, reprocharte y condenarte.

Juzga severamente todas tus propias acciones, siendo como son en verdad casi siempre acompañadas de mil defectos y de la continua arrogancia del amor propio.

Concibe a menudo un justo desprecio de ti mismo, viendo cuánto te falta de prudencia, sencillez y pureza de corazón en todas tus acciones.

16.

Guárdate, como de un mal gravísimo, de condenar las acciones de los demás, sino interpreta con indulgencia cada una de sus palabras y acciones, buscando con caridad laboriosa razones para excusarlas y defenderlas.

Si la falta cometida es tan evidente que no deja lugar a la defensa, esfuérzate por atenuarla en la medida de lo posible, atribuyéndola a falta de atención, a sorpresa o a alguna causa semejante, según las circunstancias.

En todo caso, no pienses más en ello, a menos que por razón de tu cargo te veas obligado a aplicar un remedio.

17.

Nunca contradigas a nadie en una conversación, cuando el punto en discusión sea una cuestión abierta, y cuando haya tanto que decir a favor como en contra.

No te exaltes en exceso al discutir, pero si tu opinión se considera errónea o de poco valor, cede en silencio y luego calla humildemente.

Cede también y compórtate del mismo modo con respecto a asuntos sin importancia, incluso cuando estés convencido del error de lo que se ha afirmado.

En todas las demás ocasiones en que sea importante defender la verdad, hazlo con valentía, pero sin ser violento ni despectivo.

Ten la seguridad de que es más probable que ganes por la dulzura que por tu impetuosidad y resentimiento.

18.

Guárdate bien de dar pena, ya de palabra, ya de obra, ya con tus modales, a nadie, por muy inferior que sea a ti, a no ser que a veces te veas obligado a ello por deber, obediencia o caridad.

19.

Si hay alguien que continuamente entra y sale, y te molesta, y se ocupa en cada ocasión de insultarte con ultrajes e injurias, no cedas a los sentimientos de ira, sino míralo como un instrumento del que Dios, en su misericordia, se sirve para tu bien, a fin de curar la inveterada herida de tu orgullo.

20.

La pasión de la ira, que deriva su violencia del mismo orgullo en que está arraigada, es un vicio que no debe tolerarse en nadie, y mucho menos en personas religiosas.

Esfuérzate, pues, en acumular un buen caudal de mansedumbre, de modo que si alguien te insultara e hiriera tus sentimientos con injurias, aunque nunca fueran tan graves, puedas tener fuerzas suficientes para conservar la ecuanimidad.

Y cuídate mucho de que en tales casos no alimentes o albergues en tu corazón sentimientos de aversión y venganza contra la persona que te ha ofendido; antes bien, perdónale de corazón, convencido de que no puedes tener mejor disposición que ésta para obtener el perdón de las injurias que hayas cometido aun contra el mismo Dios.

Ten por seguro que tan humilde indulgencia te granjeará abundante cosecha de méritos en el Cielo.

21.

Sé bondadoso y paciente al soportar los defectos y debilidades de los demás, teniendo siempre ante los ojos tus propias miserias, a causa de las cuales tú también estás necesitado de ser soportado y compadecido por los demás.

22.

En una palabra, muestra humildad y mansedumbre para con todos, pero más especialmente para con aquellos por quienes sientas alguna repugnancia y aversión, evitando la exclamación que algunas personas hacen: "Dios me libre de sentir odio contra ese hombre, pero no puedo soportar que esté cerca de mí, ni me importa en absoluto tener nada que ver con él".

Dad por sentado que esta aversión proviene también del orgullo, y de que no habéis vencido la naturaleza altiva y el amor propio con las armas de la gracia.

Pues si estas personas se abandonasen verdaderamente a las inspiraciones de la gracia divina, muy pronto sentirían superadas por una verdadera humildad todas las dificultades que experimentan en su interior, y soportarían pacientemente naturalezas aún más ásperas e incómodas.

23.

Si te sobreviene alguna aflicción, bendice al Señor, que así lo ha dispuesto para tu mayor bien.

Cree que la has merecido, y aun más y mayores aflicciones, y que no eres digno de consuelo alguno.

Puedes pedir al Señor con toda sencillez que te libre de ella, si así le agrada; de lo contrario, ruégale que te dé fuerzas para soportar meritoriamente la prueba.

En tus cruces no busques consuelo exterior, especialmente cuando es evidente que Dios te las envía para tu humillación, y para abatir tu orgullo y presunción; sino exclama con el salmista real:-"Bueno me es, Señor, que me hayas humillado, para que aprenda tus justicias."

24.

Por la misma razón no cedas a sentimientos de fastidio y disgusto en la mesa, porque la comida puesta delante de ti es poco adecuada a tu gusto.

Haz en este caso como los pobres de Jesucristo, que comen de buena gana cuanto se les pone delante, dando gracias a la Providencia.

25.

Si alguien te reprocha o habla mal de ti injustamente, o si tu conducta es censurada por alguien que es inferior a ti, o que, siendo más merecedor de reproche que tú, debe mirar sus propias deficiencias, no quiero que por eso te enfurezcas, o deseches los consejos que te he dado, y te niegues a examinar tu conducta a la luz de Dios, y esto, desde la íntima persuasión de que estás expuesto a extraviarte a cada paso si la gracia del Señor no te preservara.

26.

Nunca desees ser singularmente amado; porque como el amor depende de la voluntad, y como la voluntad por su naturaleza tiende a lo que es bueno, se sigue que ser amado y ser considerado bueno son una y la misma cosa.

Pero el deseo de ser considerado excepcionalmente bueno, y de ser estimado por encima de los demás, no puede conciliarse con la verdadera humildad.

¡Oh! ¡qué gran fruto podrías obtener actuando de acuerdo con esta doctrina!

Porque tu alma, no anhelando ya entonces el amor de las criaturas, se escondería en las sagradas llagas de su Salvador.

Allí, en el Corazón adorable de su Jesús, experimentaría la inefable dulzura divina, porque habiendo renunciado generosamente por Él al amor de las criaturas, podría gustar abundantemente aquella miel del consuelo divino, que le sería negada si se dejase llevar por las falsas y engañosas dulzuras de los consuelos terrenos.

Porque el consuelo divino es tan puro y real que no admite la mezcla de lo terrenal; y nos reponemos de lo uno en la medida en que sentimos repugnancia por lo otro.

Además, tu alma podrá volverse libremente a Dios, y por el pensamiento de su presencia e infinitas perfecciones permanecer en su goce.

Finalmente, como no hay nada más delicioso que amar y ser amado, si te privas de este placer por amor a Dios, y para que Él pueda poseer tu corazón entero e indiviso, ofreces a Dios un sacrificio sumamente aceptable y meritorio en el más alto grado.

No temas que por ello se enfríe tu amor al prójimo, sino que lo amarás con un amor más puro y más perfecto, amándolo ya no por interés propio, es decir, por la satisfacción de tus propias inclinaciones, sino puramente por agradar a Dios y por hacer lo que sabes que es agradable a El.

27.

Realiza todas tus acciones, aunque no sean insignificantes, con gran atención y la mayor exactitud y diligencia, porque hacerlas irreflexiva y apresuradamente es el resultado de la presunción.

El hombre verdaderamente humilde está siempre en guardia, temiendo que haya algo erróneo incluso en sus acciones más pequeñas.

Por la misma razón debes preferir siempre practicar los ejercicios ordinarios de piedad, y rehuir en general todas las cosas extraordinarias que tu propia inclinación pueda sugerirte.

Porque así como el orgulloso busca siempre hacerse singular, así el humilde encuentra su deleite en las prácticas que son comunes y ordinarias.

28.

Sabe que no eres apto para ser tu propio consejero, y por lo tanto debes temer y desconfiar de tus propias opiniones por proceder de una fuente viciada y corrupta.

Bajo esta convicción, en la medida de lo posible, siempre tomarás consejo de alguna persona sabia y concienzuda, y preferirás ser guiado por alguien mejor que tú mismo que seguir tus propios designios.

29.

Cualquiera que sea el alto grado de gracia y virtud que hayas alcanzado; cualquiera que sea el don de oración que Dios te haya concedido, sea tan sublime como quieras; aunque tu vida haya sido una de mil años gastados en inocencia y fervor de devoción, debes, sin embargo,

andar siempre con temor y desconfianza de ti mismo, y más especialmente en los asuntos que tocan a la pureza.

Recuerda que llevas en ti un germen indestructible y una fuente inagotable de pecado, y sabe que eres todo debilidad, todo inestabilidad,
todo infidelidad.

Mira, pues, siempre hacia ti: cierra los ojos y los oídos para no ver
ni oír nada que pueda mancillar tu alma.

Evita siempre las ocasiones peligrosas, y con el otro sexo evita todas
las conversaciones inútiles, y en las que sean necesarias, mantén la más
escrupulosa modestia y reserva.

Por último, ya que nada bueno puedes hacer sin la gracia de Dios,
pídele constantemente que tenga misericordia de ti, y que ni por un
solo instante te abandone a ti mismo.

30.

¿Has recibido acaso grandes talentos de Dios, o eres tal vez famoso
en el mundo por algún gran logro? Entonces, por esta misma razón,
esfuérzate más en conocerte a ti mismo como realmente eres, y procura, mediante una cuidadosa introversión, convencerte de tu propia
debilidad, de tu propia incapacidad y de tu propia nada.

Deberías parecer a tus propios ojos menos que un niño pequeño,
y no deleitarte en las alabanzas de los hombres, y guardarte de ser
ambicioso de honores: sí, más bien deberías rechazar siempre tanto lo
uno como lo otro.

31.

Si sufres alguna injuria grave o te encuentras con algún desengaño
muy sentido, en vez de indignarte contra el que te ha ofendido, levanta
los ojos al cielo y ponlos en el Señor, que en su infinita y amorosa
Providencia así lo ha dispuesto, bien para expiación de tus pecados,

bien para destruir en ti el espíritu de soberbia, reduciéndote a practicar actos de paciencia y humildad.

32.

Cuando se te presente la ocasión de prestar a tu prójimo algún servicio humilde y servil, hazlo con alegría y con aquella humildad que tendrías si fueras el servidor de todos.

Así acumularás para ti tesoros de virtud y de gracia.

33.

No te ocupes en lo más mínimo de cosas que no te conciernen en modo alguno, y de las cuales no estás llamado a dar cuenta ni a Dios ni a los hombres.

Porque el entrometimiento proviene del secreto orgullo y de la vana presunción; alimenta y aumenta la vanidad, y engendra infinidad de problemas, preocupaciones y distracciones; mientras que, atendiendo sólo a sí mismo y a sus propios deberes, el hombre encontrará una fuente de paz y tranquilidad, según aquel hermoso dicho de La Imitación de Cristo: "Ni te ocupes en cosas que no están encomendadas a tu cuidado, y así se logrará que seas poco o rara vez molestado".

34.

Cuando realices alguna mortificación extraordinaria, cuida bien de mantenerte libre del veneno de la vana gloria, que a menudo empaña todo el mérito.

Cuida, digo, de hacerla por esta sola razón: que no te conviene, siendo tan gran pecador, vivir a tu gusto y placer, y porque tienes tantos defectos y deudas que satisfacer a los ojos de la divina justicia.

Reflexiona que, como el freno y la brida son necesarios para dominar a un caballo brioso, así las obras de penitencia son necesarias para ti a fin de refrenar la violencia de tus pasiones y mantenerte dentro de los límites del deber.

35.

Cada vez que te sientas inclinado a impacientarte o a abatirte en tus tribulaciones y humillaciones, lucha valerosamente contra tal tentación, teniendo presentes tus pecados, por los que has merecido castigos mucho más severos que los que ahora sufres.

Adora la infinita justicia de Dios, y recibe con reverencia sus golpes, que debes considerar como otras tantas fuentes de misericordia y de gracia.

Oh, si pudieras comprender cuán saludable es ser herido en esta miserable vida por la mano de un Padre tan dulce como es Dios, entonces, sin duda, te abandonarías entera y enteramente en sus manos.

Grita con frecuencia con San Agustín:-"Aquí en esta vida, Señor, arde dentro de mí, y corta lo que te plazca; aquí no me perdones, con tal que me perdones y perdones en la eternidad."

Rechazar las tribulaciones es rebelarse contra la justicia de Dios, que es tan saludable; es también rechazar aquel cáliz que nos ofrece en su misericordia, y que el mismo Jesucristo, aunque inocente, quiso ser el primero en beber.

36.

36. Si por casualidad has cometido alguna falta que te ha hecho ser despreciado por la persona que la ha presenciado, ten un vivo dolor por tu ofensa a Dios y por el mal ejemplo dado a tu prójimo; pero, en cuanto al desprecio mismo y a la deshonra sufrida, acéptalos como un medio que Dios ha escogido para expiar tu falta y hacerte más humilde y más virtuoso.

Si, por el contrario, verte depreciado y deshonrado te mortifica y te duele, créeme, no posees verdadera humildad, y estás aún infectado de orgullo.

En este caso, suplica con mayor insistencia al Señor que te cure y te salve; porque si Dios no se compadece de ti, caerás ciertamente en otros abismos.

37.

Si entre tus compañeros hay alguno que te parezca despreciable y sin importancia, obrarás con sabiduría y prudencia poniéndote a considerar las buenas cualidades de la naturaleza y de la gracia con que Dios le ha dotado y a causa de las cuales puede parecer digno de respeto y honor, en lugar de fijarte en sus defectos y censurarlos.

Al menos, contempla siempre en él a uno creado por Dios, formado a imagen y semejanza divina y redimido por la preciosa Sangre de Jesucristo; un cristiano iluminado por la luz del rostro de Dios, un alma capaz de ver y poseer a Dios por toda la eternidad, y tal vez incluso predestinado en los secretos designios de su adorable Providencia.

Y entonces, ¿conoces las gracias que el Señor ha derramado ya sobre su corazón, o está a punto de derramar sobre él?

Pero sin preocuparte por tales cuestiones, tal vez sería mejor alejar inmediatamente todos esos pensamientos de desprecio como el aliento envenenado del tentador.

38.

Cuando te alaben, en vez de alegrarte por ello, teme que tal alabanza sea la única recompensa de ese poco bien que has hecho.

Reconoce en tu corazón tu propia miseria, por la cual mereces el desprecio de los demás, y esfuérzate por abreviar ese discurso; no ciertamente con el fin de conseguir aún mayores alabanzas -como los soberbios, que hacen alarde de humildad-, sino con una santa destreza, para que la atención se desvíe por completo de ti.

Pero si en esto no lo consigues, refiere al instante a Dios solo todo el honor y toda la gloria, diciendo con Baruc y Daniel:-"Al Señor nuestro Dios pertenece la justicia, pero a nosotros la confusión de nuestro rostro."

39.

Así como tus propias alabanzas deben causarte disgusto, en el mismo grado deben causarte deleite las alabanzas conferidas a los demás: y contribuye tú también con tu medida de alabanza hasta donde la sinceridad y la verdad te lo permitan.

Los envidiosos no pueden soportar la gloria concedida a su prójimo, porque consideran que se la quitan a ellos mismos.

Por esta misma razón dejan caer hábilmente en sus conversaciones ciertos pensamientos a medio terminar y frases ambiguas, ya sea para disminuir o poner en duda las alabanzas que oyen conferidas a otros.

No debes obrar así, sino que al elogiar a tu prójimo alaba y da gracias al Señor por los dones que le ha concedido y por los servicios que recibe de sus manos.

40.

Cuando tu prójimo sea difamado ante tus oídos, concibe un sincero pesar por ello.

Busca en tu mente algún motivo por el cual excusar la debilidad del detractor.

No dejes, sin embargo, de defender el honor y el buen nombre de la pobre persona objeto del ataque, haciéndolo con tal habilidad y tacto que la defensa no resulte en realidad una segunda acusación.

Así, por ejemplo, a veces trata de tocar sus cualidades dignas de alabanza, o pon en claro cuán altamente es estimado por los demás, así como por ti mismo; a veces esfuérzate por cambiar de manera hábil el tema de conversación, o deja que se entienda de alguna manera cuán desagradable es para ti.

Actuando así, conferirás el mayor beneficio a ti mismo, al detractor, a los espectadores y a la persona calumniada.

Pero si sin hacer el menor esfuerzo por reprimir tus sentimientos, te sientes complacido cuando tu prójimo es depreciado, y cuando es ensalzado, disgustado, oh entonces, cuánto te queda por hacer antes de poseer el incomparable tesoro de la humildad.

41.

No hay nada que favorezca más tu adelanto espiritual que el que te digan tus faltas.

De ahí que sea muy conveniente y necesario que animes a los que algunas veces te han hecho este servicio para que continúen haciéndolo en toda ocasión.

Ya que has recibido sus amonestaciones con alegría y gratitud, hazte el deber de ponerlas en práctica, y esto, no sólo por la ventaja que trae consigo la autocorrección, sino también para demostrar a estos fieles amigos que sus cuidados hacia ti no han sido en vano, y que eres sumamente sensible a su bondad.

El hombre orgulloso, aun cuando se corrige, no quiere que parezca que sigue los saludables consejos que ha recibido de otros; es más, incluso muestra un supremo desprecio por ellos.

Pero el hombre verdaderamente humilde se gloría de someterse a todas las personas por amor de Dios, y considera las sabias amonestaciones que recibe como procedentes del mismo Dios, sin reflexionar sobre el instrumento de que se sirve.

42.

Abandónate enteramente a Dios para seguir las dispensaciones de su amorosa Providencia, como un tierno niño se arroja sin reservas en los brazos de su amado padre.

Deja que Dios haga contigo lo que le plazca, sin preocuparte ni inquietarte por nada de lo que pueda sucederte.

Acepta con alegría, con confianza y con reverencia todo lo que te venga de Él.

Actuar de otro modo sería corresponder a la bondad de Su corazón con la ingratitud, sería desconfiar de Él.

La humildad nos hunde infinitamente por debajo del Ser infinito de Dios, pero al mismo tiempo nos enseña que sólo en Él está toda nuestra fuerza y todo consuelo.

43.

Puesto que es evidente que sin Dios no eres capaz de hacer bien alguno, y que caerías a cada paso y serías vencido por la menor tentación, reconócete siempre como la criatura débil e impotente que eres, teniendo presente que en todas tus acciones estás continuamente necesitado de la asistencia divina.

Por medio de estos pensamientos mantente inseparablemente unido a Dios, como el niño se aferra al seno de su madre, sin conocer otro apoyo seguro.

Di a menudo con el Profeta real:-"Si el Señor no hubiera sido mi ayudador, mi alma casi habría morado en el infierno". Y:-"Mírame y ten piedad de mí, que estoy solo y pobre". Y:-"Dios, ven en mi ayuda; Señor, apresúrate a socorrerme".

Por último, no dejes de dar gracias al Señor con toda la efusión de tu corazón. Sobre todas las cosas, agradécele la protección con que te previene y te rodea.

Suplícale constantemente que se digne concederte aquellos auxilios especiales de los que estás necesitado, y que sólo Él es capaz de concederte.

44.

En la hora de la oración, más especialmente que en cualquier otro momento, debes estar penetrado de un sentimiento de vergüenza, confusión y humillación de ti mismo, y de un santo temor ante la presencia de esa Majestad Suprema a la que te atreves a apelar: "Hablaré al Señor, mientras que no soy más que polvo y ceniza".

Si en tu oración recibes algún favor extraordinario, debes creerte inmediatamente indigno de él y comprender que Dios te lo ha concedido gratuitamente y por pura misericordia.

Guárdate bien de imaginar que te pertenece por derecho, y de complacerte vanamente en ello.

Y si no recibes ningún don de tal señal, no debes desanimarte por ello.

Reflexiona más bien que aún te queda mucho por hacer antes de que seas digno de tales favores, y que Dios es sumamente bueno y paciente incluso al permitirte simplemente yacer a sus pies, y ser, por así decirlo, como el pobre mendigo, que espera horas enteras a la puerta de la casa del rico, para obtener alguna insignificante limosna con que aliviar su miseria.

45.

Da siempre a Dios toda la gloria de tus buenas obras y de los felices resultados de las empresas que te han sido confiadas.

No te atribuyas más que sus defectos, pues éstos emanan sólo de ti; mientras que todo bien procede de Dios, y sólo a Él se deben las gracias y la gloria de toda buena acción.

Graba esta verdad tan profundamente en tu mente que nunca la olvides.

Cree que cualquier otra persona ayudada por la gracia divina como tú lo has sido, habría tenido mucho más éxito que tú, y no sería culpable de tantas imperfecciones.

Rechaza las alabanzas que se te puedan ofrecer por cualquier éxito inesperado, porque no se deben a un instrumento tan vil como tú; sino más bien a ese inmenso, sublime y eterno Maestro Constructor que es capaz, si se le antoja, de servirse de una vara para sacar agua de la roca, de un poco de arcilla para devolver la vista a los ciegos, y que tiene poder para obrar infinidad de milagros.

46.

Si, por el contrario, los asuntos puestos bajo tu dirección van mal, es muy de temer que el fracaso deba atribuirse a tu incapacidad y a tu negligencia.

Tu amor propio y tu orgullo, que retroceden ante toda humillación, tratarían tal vez de echar la culpa a los demás, y cuando no pudieran hacerlo, se esforzarían al menos por atenuar la falta.

Pero no fomentes estas viciosas inclinaciones. Examina concienzudamente tu conducta, y temiendo haber faltado a tu deber, reconoce tu falta ante Dios, y acepta la humillación como un castigo que has merecido.

Si, por el contrario, tu conciencia no te lo reprocha, adora incluso en este caso las dispensaciones de Dios, y reflexiona que tal vez tus pecados pasados y un exceso de confianza en ti mismo han hecho que la bendición del Cielo se retire de tus trabajos.

47.

Al acercarte a la santísima Comunión, con el corazón todo inflamado de amor divino, acércate al mismo tiempo con la mente penetrada de sentimientos de verdadera humildad.

Y ¡cómo no te vas a maravillar del todo al reflexionar que un Dios infinitamente puro e infinitamente santo, siente por una criatura tan miserable como tú un amor tan sobrepujante, hasta el punto de darte su mismo Ser por alimento!

Sumérgete tan profundamente como puedas en el abismo de tu indignidad. No te acerques a esa adorable Santidad excepto con la mayor reverencia.

Y cuando le plazca a ese amable Señor, que en este Sacramento es todo Amor, acariciarte, comunicándose a ti en la plenitud de su indecible dulzura, toma todas las precauciones posibles para no apartarte de la reverencia debida a su infinita majestad.

Mantente siempre en el lugar que te corresponde, es decir, en la sumisión, en la sujeción y en la nada.

Y, sin embargo, el sentido de tu pobreza y miseria no debe producir en modo alguno el efecto de cerrar tu corazón, o de privarte en lo más mínimo de esa santa confianza que deberías tener en este Banquete celestial.

Antes bien, debe hacerte crecer en amor hacia Dios, que se humilla hasta tal punto que se convierte en el alimento de tu alma.

48.

Ten para con tu prójimo verdadera y viva caridad, y perpetua fuente de afabilidad y dulzura, y procura con santa avidez ayudarle en todo. Pero hazlo siempre para agradar a Dios.

Examina bien los motivos de tus acciones, y así descubrirás toda trampa de vanidad y amor propio.

Refiere todo el bien que hagas sólo a Dios.

Sabed que si guardáis una buena acción tan oculta y secreta que sólo Dios la conozca, os asegurará una recompensa inestimable.

Si, por el contrario, por tu negligencia se hace pública, entonces, como una hermosa fruta que los pájaros han empezado a picotear, pierde casi todo su valor.

49.

Viéndote en continuo peligro de caer, que ese sano temor que debes tener de desagradar al Señor, vaya siempre acompañado de un suspiro interior hacia Él, para que su infinita misericordia te preserve de tan grande desgracia.

Estos suspiros interiores son, en realidad, esos gemidos y anhelos del corazón recomendados por los santos, que nos impulsan a ocuparnos de nosotros mismos y de nuestras propias acciones, a la meditación de las verdades divinas, al desprecio de todas las cosas pasajeras, a la práctica de la oración interior y a mantenernos alejados de todo lo que no es de Dios.

En una palabra, esta práctica es fuente de verdadera humildad y pobreza de espíritu.

Haz uso frecuente de ella, y en cuanto esté en ti, que sea tu oración continua.

50.

Un enfermo, que desea ardientemente curarse, pone el mayor empeño en evitar todo lo que pueda retardar su progreso, come con la mayor moderación, incluso los alimentos más sanos, y considera casi a cada bocado si puede o no hacerle daño.

Así, de la misma manera, si deseas sinceramente curarte de la fatal enfermedad del orgullo, y si aspiras verdaderamente a la preciosa posesión de la humildad, debes estar siempre atento y ser cauteloso para no decir ni hacer nada que pueda impedírtelo.

Y con este objeto, será bueno en cada ocasión ponderar si lo que vas a hacer, tiende o no a la humildad, para hacerlo inmediatamente con alegría o desecharlo del todo.

51.

Otro motivo sumamente poderoso para inducirte a practicar la hermosa virtud de la humildad es el ejemplo de nuestro Divino Salvador, a Quien debemos tomar continuamente por Modelo.

Él es Quien nos dice en el santo Evangelio: "Aprended de Mí, que soy manso y humilde de corazón".

Y, en efecto, como observa San Bernardo: "¿Qué soberbia hay que la humildad de este divino Maestro no pueda apagar?".

En verdad puede decirse que sólo Él en realidad se humilla y abaja, y que nosotros, cuando parecemos humillarnos, no nos rebajamos en absoluto, sino que simplemente ocupamos el lugar que nos corresponde.

Porque siendo criaturas viles, culpables tal vez de mil fechorías, no podemos reclamar otro derecho que la nada y el castigo.

Pero nuestro Salvador Jesucristo, se rebajó infinitamente por debajo de esa elevada altura que le pertenece.

Él es el Dios omnipotente, el Ser infinito e inmortal, el Supremo Árbitro de todas las cosas.

Y a pesar de ello, se hizo hombre: débil, mortal, sujeto al sufrimiento, obediente hasta la muerte.

Él ha soportado la carencia de todas las cosas temporales. Aquel que en el Cielo constituye el gozo y la bienaventuranza de los ángeles y de los santos, quiso hacerse "Varón de dolores", y tomó sobre sí todas y cada una de las miserias de la humanidad.

La Sabiduría increada, y de toda sabiduría el Principio, ha soportado la vergüenza y la burla debidas a un necio.

El Santo de los Santos y Santidad en esencia, sufrió ser reputado como un villano y un malhechor.

Aquel a Quien las innumerables huestes de los bienaventurados en el Cielo adoran, quiso morir una muerte vergonzosa en una Cruz.

Y por último, Aquel que por naturaleza es el Bien Soberano, ha soportado todo tipo de miseria humana.

Entonces, después de semejante ejemplo de humildad, ¡qué no deberíamos hacer nosotros, que no somos más que polvo y cenizas!

Y qué humillación debería parecernos dura a nosotros, que no sólo somos los gusanos más abyectos y viles, sino lo que es peor, los pecadores más miserables.

52.

52. Considera, además, los ejemplos que te han dejado los santos, tanto de la Antigua como de la Nueva Alianza. Isaías, aquel profeta tan virtuoso y celoso, se creía impuro a los ojos de Dios, y declaraba abiertamente que todas sus "justicias" eran como "harapos" inmundos.

Daniel, a quien Dios mismo, en el Libro de Ezequiel, describe como un hombre santo, capaz de detener con sus oraciones la ira divina, habló a Dios con la humildad de un pecador, y como alguien que debería estar siempre abrumado por la confusión y la vergüenza.

Santo Domingo, prodigio de inocencia y santidad, había llegado a tal grado de desprecio de sí mismo, que temía atraer la maldición del Cielo sobre aquellas ciudades por las que se veía obligado a pasar.

Por eso, antes de entrar en ellas, se postraba con el rostro en tierra y, llorando, exclamaba: "Te pido, oh Dios mío, por tu tiernísima misericordia, que no tengas en cuenta mis pecados, no sea que esta ciudad, que está a punto de permitirme permanecer entre sus muros, sienta en consecuencia los efectos de tu justa venganza."

San Francisco, que por su pureza de vida merecía llevar en su cuerpo las marcas de la Pasión de Jesucristo, se creía firme y sinceramente el más perverso de los hombres.

Esta convicción se apoderó de tal modo de su mente, que nadie pudo jamás, por ningún medio, desengañarle de ella.

La razón que daba para ello era ésta: que si el más insignificante de los hombres hubiera recibido de Dios todas aquellas señaladas gracias que le habían sido concedidas, aquél las habría aprovechado mucho mejor, y ciertamente no las habría retribuido con tan vil ingratitud.

Otros santos se creían indignos del alimento que comían, del aire que respiraban y de la ropa que los cubría.

Otros consideraban un extraordinario milagro de la misericordia divina el que se les permitiera permanecer sobre la faz de la tierra y no fueran precipitados de cabeza al infierno.

Otros se preguntaban cómo sus semejantes podían soportarlos, y por qué la creación entera no se unía como un solo hombre para exterminarlos y aniquilarlos.

Por último, todos los santos han aborrecido las dignidades, las alabanzas y los honores, y por el máximo desprecio con que se consideraban a sí mismos, vemos que no anhelaban otra cosa que las humillaciones y el escarnio.

¿Y tú estás más iluminado o eres más santo que ellos?

¿Por qué, pues, no ponéis, como estos santos, vuestro único y entero deleite en la santa humildad?

Ahora bien, para crecer más en esta virtud y hacer dulces y familiares las humillaciones, te será de gran provecho representarte con frecuencia las afrentas que puedan sobrevenirte inconscientemente, procurando, a pesar de la naturaleza rebelde, aceptarlas como seguras prendas del amor de tu Dios y como medios ciertos para tu propia santificación.

Tal vez al hacer esto tengas que pasar por muchas luchas, pero actúa con valor y sé valiente en la contienda, hasta que te sientas firme y resuelto a sufrirlo todo con alegría por amor de Cristo.

54.

54. No dejes pasar ni un solo día sin reprocharte aquello por lo que tus enemigos podrían reprocharte; y esto no sólo para suavizar de antemano el efecto de tales reproches, sino sobre todo para mantenerte en un estado de humildad y autoestima.

Pero si en la tempestad de alguna tentación violenta te sintieras inclinado a impacientarte y a murmurar interiormente de la manera en que Dios te prueba, reprime a tiempo estos sentimientos, y di para tus adentros: "Un vil y miserable pecador como yo, ¿se atreverá a quejarse de esta tribulación?

"¿No he merecido ya castigos infinitamente peores?

"¿No sabes, alma mía, que las humillaciones y los sufrimientos son en verdad mi verdadero pan, que el Señor me ha concedido como limosna, para que de una vez por todas me levante de mi miseria y de mi necesidad?

"Si rechazas estas limosnas, no eres digno de ellas, rechazando como rechazas un tesoro tan rico, que tal vez te será quitado y dado a otros para que hagan mejor uso de él.

"El Señor desea contaros entre sus amigos y discípulos en el Calvario, ¿y vosotros, cediendo al vil temor, haréis 'la gran negativa' del combate?

"¿Y cómo podéis esperar ser coronados sin haber combatido? ¿Y cómo puedes reclamar tu salario si no has soportado 'las cargas del día y los calores'?".

Estas y otras reflexiones semejantes reavivarán tu fervor, y engendrarán en ti el deseo de llevar una vida, incluso de sufrimiento y humillación, a imitación de la vida de nuestro Salvador Jesucristo.

55.

Por grande que sea la paz y la tranquilidad de que gozas en medio de abusos y contradicciones, no por eso debes dar por sentado que posees una serena y triunfante humildad, porque con frecuencia el orgullo sólo está latente, y si por casualidad se despierta, comienza de nuevo a infligir al alma graves heridas y pérdidas.

Que el estudio del conocimiento de ti mismo, el huir de los honores y el amor a las humillaciones, sean tus armas; y de éstas no debes despojarte jamás, no, ni por un solo momento.

Si así adquieres esa rica herencia de la humildad, entonces ya no tendrás temor de perderla, porque sólo humillándote continuamente conservarás el precioso don de la humildad.

56.

Para que Dios se digne concederte tan grande favor, toma por abogada y protectora a la Santísima Virgen.

Dice San Bernardo que María, más que ninguna otra criatura, se humilló a sí misma, y que siendo la más grande de todos los seres humanos, por el abismo más profundo de su humildad, se hizo la más pequeña.

Por eso mismo, María recibió la plenitud de la gracia y se hizo digna de ser la Madre de Dios.

Al mismo tiempo, María es Madre de misericordia y de ternura, a la que nadie ha recurrido jamás en vano.

Lleno de confianza, abandónate a su corazón materno. Suplícale que te obtenga esa virtud que le era tan querida. No temas que se resista a tomar esta petición bajo su especial cuidado.

No. María te la pedirá a Dios, que vivifica a los humildes y aniquila a los soberbios.

Además, como María es todopoderosa con su Hijo, ciertamente le concederá su petición.

Acude a Ella en todas tus necesidades, en todas tus tentaciones. Que María sea tu apoyo, que María sea tu consuelo.

Pero la principal gracia que debes pedirle es la santa humildad. No te calles ni dejes de suplicar hasta que la haya obtenido.

No temas ser demasiado importuno.

Cuánto agrada a María esta importunidad para obtener la salvación de tu alma y hacerte más aceptable a su Divino Hijo.

Por último, para que la induzcas a ser cada vez más favorable y propicia, conjúrala por su propia humildad, que fue la causa de su elevación a la dignidad de Madre de Dios, y por su divina maternidad, que fue el fruto inefable de su humildad.

57.

Por la misma razón, debes recurrir también a aquellos santos en quienes esta virtud preeminente ha resplandecido más conspicuamente.

Por ejemplo, a San Miguel Arcángel, que fue el primero de los humildes, como Lucifer fue el primero de los soberbios.

A San Juan Bautista, que habiendo alcanzado un grado tan sublime de santidad como para ser tomado por el Mesías, sin embargo tenía una opinión tan mezquina de sí mismo que se creía indigno incluso de soltar la hebilla de sus zapatos.

A San Pablo, ese Apóstol privilegiado, que fue arrebatado hasta el tercer cielo, y que, después de haber oído los secretos más íntimos de la Divinidad, se consideró a sí mismo como el menor de los Apóstoles, e incluso indigno del nombre de Apóstol, y de ser, por así decirlo, una mera nada.

A San Gregorio, Papa, que puso más empeño en escapar al Supremo Pontificado de la Iglesia que el que ponen los ambiciosos en asegurarse los más altos honores.

A San Agustín, que en la cumbre de su fama, y ensalzado por todos sus contemporáneos, tanto como santo Obispo como el más agudo Doctor de la Iglesia Católica, dejó al mundo entero en esos dos maravillosos libros suyos -las "Confesiones" y las "Retractaciones"- monumentos inmortales de su humildad.

A San Alejo, que, dentro de los muros de su casa paterna, prefirió los insultos y malos tratos de sus mismos sirvientes, a todos los honores y dignidades que tan fácilmente podría haber obtenido.

A San Luis Gonzaga, que, señor y marqués de una vasta hacienda, renunció a ella con alegría, y en lugar de una gran posición en el mundo, eligió una vida de humildad y mortificación.

En una palabra, deberías recurrir a esos otros numerosos santos, que por su humildad, brillan con un resplandor más brillante en los anales de la Iglesia.

Ten la seguridad de que estos humildes siervos de Dios intercederán por ti ante Su trono en el Cielo, para que tú también alcances a ser del número de los fieles imitadores de su virtud.

58.

58. Por último, el acercamiento frecuente a los sacramentos de la Penitencia y de la Comunión os proporcionará una ayuda abundantísima para manteneros en la práctica de la humildad.

La confesión, en la que revelamos a un semejante todas las miserias más secretas y vergonzosas de nuestras almas, es el mayor acto de humillación que Jesucristo encomendó a sus discípulos.

La Sagrada Comunión, por la que recibimos en nuestros pechos en sustancia misma al Dios hecho hombre y aniquilado por amor nuestro, es una maravillosa escuela de humildad y un poderosísimo medio de adquirirla.

Cómo puedes dudar sino que tu amable Jesús desea comunicarte esta virtud de la humildad, cuando su Sagrado Corazón, ese Corazón tan manso y humilde, ese horno de amor y de caridad, reposa, por decirlo así, sobre tu propio corazón, y tu corazón se lo pide con todo el fervor de sus afectos.

Acércate con tanta frecuencia como te sea posible a recibir este adorable Sacramento; y con tal que le aportes las disposiciones necesarias, encontrarás siempre en Él aquel maná escondido reservado sólo para quien lo busca con gran afán.

59.

Por lo demás, ten siempre ánimo para vencer las dificultades que encuentres en la práctica de lo que hasta aquí te he enseñado, y para resistir la oposición que encuentres en ti mismo.

Guardaos bien de exclamar con los discípulos pusilánimes: "Esta es una palabra dura, ¿quién puede soportarla?" -y ¿quién podrá ponerlo en práctica? Porque en verdad os aseguro que todas las amarguras que encontréis al principio, se convertirán muy pronto en dulzuras inefables y en consuelos celestiales.

Una santa perseverancia en estos ejercicios os librará de mil tormentos del alma, e infundirá en vuestro corazón tanta paz y tranquilidad, que gozaréis de un anticipo de aquella eterna felicidad que Dios tiene preparada en el Cielo para sus fieles siervos.

Si, por cobardía, dejas de practicar los medios necesarios para llegar a ser verdaderamente humilde, te sentirás siempre abatido, inquieto, descontento, y serás intolerable para ti mismo, si no también para los demás; y lo que es de mayor consecuencia, incurrirás en un gran riesgo de perderte eternamente.

Es seguro, en todo caso, que la puerta de la perfección se cerrará contra ti, no habiendo otra puerta por la que puedas entrar excepto la de la humildad.

Fortalécete, pues, con santo ardor, para que nada pueda doblegarte.

Levanta los ojos a lo alto y contempla allí a Jesucristo, que, cargado con su cruz, te enseña el camino de la humildad y de la paciencia, recorrido ya por tantos santos, que ahora reinan con Él en el cielo.

Escucha con cuánta vehemencia te exhorta a seguir el mismo camino recorrido por Él mismo y por todos los fieles imitadores de sus virtudes.

Ved cómo todos los santos ángeles anhelan vuestra salvación; ved cómo os imploran que entréis por ese camino estrecho, el único seguro, no, el único que conduce al Cielo, y que os conducirá a esos tronos de gloria eterna que quedaron vacantes por la soberbia de los ángeles rebeldes.

¿Y no oís ya a los bienaventurados proclamar triunfalmente por todo el paraíso que por ningún otro camino han llegado a la posesión de esa inmensa gloria, sino por el de la humillación y el sufrimiento?

Mira cómo se regocijan, y cuán dichosos están contigo por esos primeros deseos que has concebido de imitar su ejemplo.

Fortalécete, pues, con fuerza y valor para emprender sin más demora esta gran obra.

Recuerda los sagradísimos votos que hiciste en tu Bautismo, y tiembla ante la sola idea de violar la santidad de las solemnes promesas que entonces hiciste a Dios.

Sabed, por encima de todo, que Jesucristo declaró expresamente que "el reino de los cielos sufrió violencia".

Bienaventurados sois, sí, mil veces bienaventurados, si, convencidos de esta verdad, hacéis que vuestro primer empeño sea practicar la humildad, para que así merezcáis la recompensa de la eterna grandeza del Cielo.

60.

En último lugar, reflexiona que nuestro divino Maestro exhortó a sus discípulos a reconocerse siervos inútiles, aun cuando hubiesen cumplido todos los mandamientos.

Así también tú debes reconocerte siervo inútil, aun después de haber practicado con la mayor exactitud todos los consejos precedentes; estando firmemente convencido de que ello no se debe a tus propias fuerzas y méritos, sino en verdad a la bondad gratuita y a la infinita misericordia de Dios.

Agradécele sin cesar, con todo el amor y efusión de tu corazón, tan grande bendición.

Por último, suplicadle cada día que os conceda conservar este tesoro inestimable en vuestro interior, hasta el momento en que vuestra alma, liberada de toda atadura que os mantiene ligada a las criaturas, sea libre para emprender el vuelo hacia el seno de su Creador, donde gozará por toda la eternidad de la gloria preparada para los humildes.

2

— • —

PARTE II

SERMÓN DE SAN AGUSTÍN

Sobre el temor de Dios y la verdadera humildad
(De Tempore, Serm. ccxii.)

DAVID, el Profeta Real y Salmista, quien, como atestiguan las Escrituras, siendo un hombre conforme al corazón de Dios, cumplió toda Su voluntad; este santo Profeta, digo, amados hermanos, en cierto pasaje nos señala qué es lo que nuestro Creador desea y ama, clamando con estas palabras: "Que es como el Señor nuestro Dios, que habita en las alturas, y mira las cosas bajas del cielo y de la tierra". Si, pues, el Señor Altísimo, de cuya perfección y grandeza no hay fin, mira y acoge la humildad en todas sus criaturas -sean las más excelsas o las más humildes, ángeles u hombres-, cuán necesario, por tanto, ha de ser que busquemos continuamente la humildad y la practiquemos siempre en todo, para dar así gusto a nuestro Creador.

Cuán grande virtud es, pues, la verdadera humildad, puede deducirse fácilmente de aquellas palabras de nuestro Salvador, Quien,

para condenar el orgullo de los fariseos, dice: "Todo el que se enaltece
será humillado, y el que se humilla será enaltecido. Sólo por los pasos de
la humildad pueden alcanzarse las alturas del Cielo, pues no por medio
del orgullo subimos a Dios en lo alto, sino en verdad por la humildad,
según lo que está escrito: "Dios resistió a los soberbios, y da gracia a los
humildes". Y está escrito en los Salmos: "El Señor es alto y miró a los
humildes, y a los altos los conoce de lejos". Aquí los altos significan los
orgullosos. Miró a los humildes para ensalzarlos, y conoce de lejos a los
altos, es decir, a los soberbios, para abatirlos. Aprendamos la humildad
para poder acercarnos al Señor, como Él mismo dice en el Evangelio:
"Aprended de Mí, que soy manso y humilde de corazón, y hallaréis
descanso para vuestras almas". Por la soberbia fue arrojada de cabeza
del Cielo la otrora admirable y angélica criatura, y por la humildad
de Dios ascendió hasta allí la naturaleza humana. Hermosa, incluso a
los ojos de los hombres, es la práctica de la humildad, como declara
Salomón: "Donde está la soberbia, allí también habrá oprobio, pero
donde está la humildad, allí también hay sabiduría". De nuevo, otro
sabio dice: "Cuanto más grande seas, tanto más humilde serás en todas
las cosas, y hallarás gracia delante de Dios." Y Dios mismo dice por boca
de su profeta: "¿A quién tendré respeto sino al que es pobre y pequeño
y de corazón contrito, y que tiembla ante mis palabras?".

En quien no es humilde y manso nunca puede morar la gracia
del Espíritu Santo. Dios se humilló para salvarnos. Que el hombre
se sonroje de ser orgulloso. Tan profundamente como el corazón se
abaja en la humildad, tan alto se eleva en la perfección: porque el
que es humilde será exaltado en la gloria. El primer grado de humildad es escuchar humildemente las palabras de la verdad, guardarlas
en la memoria, practicarlas de buena gana. La verdad, ciertamente,
siempre huye de una mente que no es humilde. Cuanto menos seas
en tu propia estimación, más grande serás a los ojos de Dios. Pero el

hombre orgulloso, cuanto más ilustre parezca ser ante el mundo, más despreciable será ante Dios. El que practica todas las virtudes, pero sin humildad, es como un hombre que lleva el polvo ante el viento. Además, la Escritura clama: "¡Y por qué te enalteces, polvo y ceniza!", mientras que el viento del orgullo se lleva y dispersa todo lo que te imaginas haber amasado con ayunos y limosnas.

Guárdate bien, oh hombre, antes de hacer alarde de tu virtud; porque tú mismo no serás tu propio juez, sino Otro, ante Quien, esfuérzate por mantenerte humilde de corazón, para que Él pueda exaltarte en el día de la recompensa. Desciende, pues, para ascender. Humíllate para que puedas ser exaltado, no sea que habiéndote exaltado seas humillado. Porque el que es antiestético a sus propios ojos, es hermoso ante Dios. El que es desagradable a sí mismo, es agradable a Dios. Sé, pues, pequeño a tus propios ojos, para ser grande a los ojos de Dios; porque cuanto más vil seas en tu propia estimación, tanto más precioso serás a los ojos de Dios. En los más altos honores, ten la más profunda humildad.

El honor obtiene su mayor gloria de la virtud de la humildad.

Pero esta virtud de la humildad ningún hombre puede tenerla sin el temor de Dios, porque el uno no puede existir sin el otro.

Ahora bien, en cuanto al efecto del temor de Dios, escuchadme, hermanos míos: "El principio de la sabiduría es el temor del Señor". El temor de la presencia de Dios es un gran preservativo contra el pecado. El que teme perfectamente a Dios, se cuida mucho de evitar el pecado. "Al que teme al Señor, le irá bien al final", y su recompensa perdurará para siempre. Si una persona se avergüenza de transgredir ante los hombres, cuánto más loable y necesario es que se avergüence de cometer iniquidad a los ojos de Dios, que no sólo mira los hechos, sino también el corazón. Los que temen a Dios con un temor santo buscan las cosas que le son agradables. Existe el temor de los niños y

existe el temor de los siervos. Los siervos temen a sus amos por temor
al castigo, pero los hijos temen por amor a su padre. Si somos hijos
de Dios, temámosle por la dulzura de la caridad, no por la amargura
del temor. El hombre sabio en todas sus acciones teme a Dios, porque
sabe que es imposible esconderse de Su presencia, según las palabras
del Salmista al dirigirse a Dios: "¿A dónde me iré de Tu espíritu, o a
dónde huiré de Tu rostro?", a lo que se añade, en otro lugar: "Desde el
oriente hasta el occidente no hay escondrijo para el que huye de Dios".
Los que tememos al Señor aceptaremos Su doctrina, y el que tenga
cuidado de guardar Sus mandamientos, hallará bendición eterna. "Bi-
enaventurada el alma del que teme al Señor", permanece a salvo de las
tentaciones del Maligno. "Bienaventurado el hombre que es siempre
temeroso", y a quien le es dado tener siempre ante los ojos el temor de
Dios. Quien teme al Señor se aparta del camino torcido y dirige sus
pasos por la senda de la virtud. "El temor del Señor expulsa el pecado"
e induce a la virtud. El temor de Dios hace al hombre cuidadoso y
ansioso de no pecar. Pero donde no hay temor de Dios hay disolución
de la vida. El que no teme a Dios en la prosperidad, que al menos le
tema en la adversidad, y que acuda en busca de ayuda a Aquel que azota
y sana, porque: "Bienaventurado el hombre que teme al Señor, y que
procura con todas las ansias de su corazón guardar sus mandamientos".
El temor de Dios expulsa el temor del infierno, porque hace que el
hombre evite el pecado y multiplique sus obras de justicia. Después
llegará a ese temor que, fundado en el amor, se llama "santo, que
permanece por los siglos de los siglos." Así, pues, hermanos, temamos a
Dios para amarle, porque la caridad perfecta echa fuera el temor servil,
y por este medio adquiriremos abundante seguridad y la plenitud de
todo bien. Por eso dice el Profeta Real: "Temed al Señor todos sus
santos, porque nada falta a los que le temen. Los ricos han necesitado

y padecido hambre, pero los que buscan al Señor no serán privados de ningún bien".

Os ruego, pues, carísimos, que tengáis siempre presente el temor de Dios, que os esforcéis a toda costa por no desatender sus preceptos, y que consideréis seriamente que, mientras el que teme a Dios y guarda sus mandamientos entra en la vida eterna, el que le desprecia y rechaza sus preceptos irá a los tormentos eternos.

Una vez más, os ruego que alimentéis interiormente en vuestros corazones la verdadera humildad y que, mediante su práctica no fingida, la inculquéis a vuestros prójimos, para que ellos también, edificados con vuestro buen ejemplo, glorifiquen a Dios y, en unión con vosotros, se esfuercen por obtener una recompensa eterna en el Cielo, por la ayuda y la gracia de nuestro Señor Jesucristo, que vive y reina por los siglos de los siglos. Amén.

3
—·—

VARIAS REFLEXIONES SOBRE LA HUMILDAD

1. "SABED, humildes, que nuestro Redentor "se humilló a sí mismo, haciéndose obediente hasta la muerte". Sabed, soberbios, que de vuestro Jefe está escrito: "Es rey sobre todos los hijos de la soberbia". El principio de nuestra ruina, pues, fue el orgullo del diablo, y la causa de nuestra redención fue la humildad de Dios. Porque nuestro enemigo, siendo creado como todas las demás cosas, quiso aparecer exaltado sobre todas; pero nuestro Redentor, el más grande sobre todas las cosas, se dignó hacerse el más humilde de todos. Por tanto, di a los humildes que, mientras se abajan, se elevan a imitación de Dios; y di a los soberbios que, mientras se exaltan, se hunden a imitación del ángel apóstata. ¿Hay, pues, algo más despreciable que el orgullo, que, mientras se exalta, retrocede de la altura de la verdadera grandeza? ¿O hay algo más glorioso que la humildad, que, mientras se rebaja a lo más bajo, se une al Altísimo, su Creador?".

— San Gregorio Magno (Past. Par. 3. Adm. 18)

2.

"En nada pueden separarse las dos virtudes de la humildad y de la caridad. Y tan inseparable es su conexión, que quien está establecido en la una, es necesariamente maestro de la otra. Porque así como la humildad es parte de la caridad, así la caridad es parte de la humildad. Y si reflexionamos cuidadosamente sobre aquellas obras que el Apóstol califica de infructuosas y de ningún provecho sin la caridad, encontraremos que estas mismas obras son estériles si están desprovistas de verdadera humildad. Y en verdad, ¿qué fruto puede producir la ciencia unida a la vanagloria; o la fe a la gloria humana; o la limosna a la ostentación; o el martirio a la soberbia? Por tanto, puesto que la humildad y la caridad tienden ambas por igual a la destrucción de la soberbia, lo que se ha dicho de la una puede aplicarse también a la otra."

-San Ambrosio (Epist. Libr. 10. ad Demetriadem)

3.

"La caridad se conserva por medio de la humildad, pues no hay nada que la destruya tan rápidamente como la soberbia. De ahí que el Señor no dijera: "Llevad mi yugo sobre vosotros y aprended de Mí", para resucitar a los muertos, que habían estado cuatro días en el sepulcro; para expulsar los malos espíritus de los endemoniados; para curar enfermedades y obrar otros milagros semejantes; sino que dijo: "Llevad mi yugo sobre vosotros y aprended de Mí, que soy manso y humilde de corazón". Estos milagros, en efecto, son indicios de cosas espirituales, pero ser manso y humilde es el conservador de la caridad."

-San Agustín (In exposit. Epist. ad Galatas)

4.

"El que sabe que es polvo y ceniza, y al polvo ha de volver pronto, nunca se enaltecerá orgullosamente; y el que ha meditado sobre la eternidad de Dios, y reflexiona sobre ese corto espacio, o, por decirlo así, punto de espacio, que constituye la vida humana, siempre tendrá la muerte ante sus ojos, y será humilde y humillado. Porque este cuerpo corruptible pesa sobre el alma, y nuestros corazones, enredados con tantas cosas, se deprimen por este tabernáculo terrenal. Por tanto, digamos con toda humildad: "Señor, mi corazón no se enaltece, ni mis ojos son altivos; ni he andado en grandes cosas, ni en cosas maravillosas por encima de mí". Toda verdadera humildad, pues, ha de buscarse, no tanto en las palabras como en la mente, de modo que en la íntima convicción de nuestras almas, nos reconozcamos que no somos nada; ni debemos jamás imaginar que sabemos o entendemos algo, o que somos algo en absoluto."

-San Jerónimo (In exposit. Epist. ad Ephes. cap. 4)

5.

"Hijo mío, cuida sobre todas las cosas la humildad, porque ésta, de todas las virtudes, es la más sublime, y la escalera por la que se llega a la cumbre de la perfección. Los buenos propósitos no se realizan sino por la humildad, y los trabajos de muchos años quedan en nada por la soberbia. El hombre humilde es semejante a Dios, y le lleva dentro del templo de su corazón; pero el orgulloso, por ser odioso a Dios, se asemeja al demonio. Aunque el hombre humilde puede parecer exteriormente repugnante y despreciable, sin embargo es glorioso en sus virtudes; y, a pesar del gran despliegue de estado y dignidad que el hombre orgulloso puede hacer a la vista del mundo, sin embargo sus obras lo traicionan rápidamente como un hombre sin valor. Su orgullo es detectado por su andar y cada movimiento, y su ligereza se hace evidente incluso en sus palabras. Siempre anhela las alabanzas de los hombres, y desprovisto como está de todas las virtudes, va por ahí fingiendo estar lleno de ellas hasta rebosar. No soporta estar sometido a nadie, sino que siempre aspira a la preeminencia sobre los demás, y hace todo lo que está en su mano para ascender a un rango superior. Lo que no puede obtener por mérito, se esfuerza por usurparlo por ambición. Camina hinchado de presunción, como una bolsa llena de viento, y en todo lo que hace muestra tanta inconstancia, que uno podría tomarlo por un barco, que privado de su capitán, se ha convertido en el deporte de las olas. El hombre humilde, por el contrario, rehúye todo honor terrenal, se considera el más pequeño de los hombres, y aunque a la vista se le consideraría de poca importancia, sin embargo está eminentemente en alto ante Dios. Cuando ha cumplido todo lo que se le ha mandado, afirma que no ha hecho nada, y se muestra muy solícito en ocultar todas las virtudes de su alma. Pero el Señor saca a la luz todas sus obras y las proclama por todas partes. Descubre al mundo sus maravillas. Lo exaltará y lo hará glorioso, y en la hora de su oración, le concederá todo lo que pida."

-San Basilio el Grande (Admon. ad Fil. Spir)

6.

"Los pobres de espíritu son los humildes de corazón; es decir, se llaman pobres de espíritu los que se tienen en poca estima. Por el contrario, por ricos de espíritu se entiende los soberbios, que tienen una alta opinión de sí mismos, y no cumplen el mandamiento de Jesucristo, que declara que: "Si no os hacéis como niños, no podréis entrar en el reino de los cielos"; porque el que ya se ha hecho como un niño, es pobre de espíritu, y el que es pobre de espíritu sí que se ha hecho como un niño. Y aunque, según el testimonio de Jesucristo y del Apóstol, el amor es el cumplimiento de la ley, la nodriza del amor es la humildad, y la madre del odio es la soberbia. Por tanto, la humildad es el principio de todo bien, y el origen de todo mal es la soberbia."

-San Juan Crisóstomo (Parall. Lib. 3. cap. 84)

7.

"He aquí en qué consiste el fundamento de la humildad: en considerarse uno pecador y en creer que nada bueno ha hecho a los ojos de Dios. Ahora bien, he aquí en qué consiste la práctica de la humildad: en el amor al silencio; en no compararse uno mismo con los demás; en no contradecir; en andar con sujeción; en observar la custodia de los ojos; en imaginar la muerte a la mente; en aborrecer las falsedades; en huir de las conversaciones innecesarias y ociosas; en no oponerse a los mayores; en no estar aferrado a la propia opinión; en sufrir injurias; en aborrecer la pereza; en encontrar siempre ocupación y estar siempre vigilante. Oh hermano, esfuérzate por practicar diligentemente estos preceptos para que tu alma no se convierta en guarida de los afectos más viciosos.

Esfuérzate en cada uno de ellos con presteza, para no hacer vacío e infructuoso este breve curso de tu vida."

-San Juan Damasceno (Parall. Lib. iii. cap. 84)

8.

"La verdadera humildad del alma fiel consiste en esto: en no enorgullecerse de nada; en no murmurar contra nadie; en no ser ingrato, ni quejumbroso, ni quejoso; sino en todo dar gracias a Dios y alabarle, Cuyas obras son justicia o misericordia. Por tanto, todo lo que te suceda, da siempre gracias al Señor".

-San Anselmo (Comm. in 1 Thess. cap. 5)

9.

"Yo soy la flor del campo y el lirio del valle". "El justo brotará como el lirio". ¿Quién es justo sino el humilde? Jesús, Señor como era, se inclinó bajo las manos de su siervo, el Bautista; y al Bautista, asombrado ante su majestad, exclamó: "Deja ahora que sea así, porque así conviene que cumplamos toda justicia", mostrando con ello evidentemente que ponía el cumplimiento de toda justicia en la humildad. El hombre justo, por tanto, es un hombre humilde, el hombre justo es el valle. Si nosotros también somos humildes, también brotaremos como el lirio, y floreceremos por toda la eternidad ante el Señor. ¿No se mostrará entonces Jesús más especialmente como el lirio del valle, cuando "reformará el cuerpo de nuestra bajeza, haciéndolo semejante al cuerpo de su gloria"? El Apóstol no dice nuestro cuerpo, sino el cuerpo de nuestra bajeza, para señalar que los humildes serán iluminados y revestidos de ese maravilloso y siempre perdurable candor del lirio. Esto es lo que debía decirse sobre la protesta hecha por el Esposo de los sagrados Cánticos, de que Él era la Flor del campo y el Lirio del valle".

-San Bernardo (Super Cantica Ser. 47)

10.

"La verdadera humildad no hace ostentación de serlo, y no habla mucho de sí misma, porque no sólo desea ocultar todas las demás virtudes, sino que más especialmente busca ocultarse a sí misma. Si le fuera lícito valerse de la falsedad, del engaño y del mal ejemplo, realizaría actos de arrogancia y altivez para permanecer oculta bajo estos subterfugios, y vivir allí desconocida y segura. Escuchad, pues, mi consejo: o no hablemos nunca de humildad, o si lo hacemos, que lo que expresemos exteriormente esté impulsado por un verdadero sentimiento interior. No bajemos nunca los ojos sin humillar también el corazón. No parezcamos deseosos de estar entre los últimos, a menos que realmente lo deseemos. El hombre verdaderamente humilde prefiere que otros digan de él que es un miserable, que no tiene importancia, que es un bueno para nada, a que lo digan de sí mismo. En todo caso, cuando oye a otros hablar mal de él, de ninguna manera los contradice, sino que está de acuerdo con ellos de buena gana, porque creyendo él mismo que todo es verdad, se alegra también de ver que otros comparten su opinión."

-San Francisco de Sales (Phil. Par. 7. cap. 5.)

11.

"Cuando te ofrezcan un insulto, sopórtalo con paciencia, y aumenta tu amor hacia quien te muestra desprecio. Esta es la piedra de toque para determinar si un hombre es o no humilde y santo. Si cede al resentimiento, aunque haga milagros, abátelo como a una caña que se tambalea. Decía el padre Baltasar Álvarez que el tiempo de las humillaciones era el tiempo de acumular tesoros de méritos. Ganarás más aceptando un insulto con paciencia, que ayunando diez días a pan y agua. Las humillaciones autoimpuestas son buenas, pero aceptar las humillaciones que recibimos de los demás es mucho más provechoso, porque en estas últimas hay mucho menos de uno mismo y más de Dios. De ahí que el mérito sea mucho mayor si sabemos soportarlas con paciencia. Pero ¿qué bien puede pretender un cristiano si no sabe soportar un insulto por amor de Dios? ¡Qué desprecio no ha sufrido Jesucristo por nosotros: golpes, burlas, azotes, escupitajos en la cara! Ah! si tuviéramos verdadero amor a Jesucristo, no sólo no nos resentiríamos de las afrentas, sino que incluso nos alegraríamos de encontrarnos despreciados como Él mismo fue despreciado.

-San Alfonso de Ligorio (Oper. Spirit)

12.

"A menudo es muy provechoso para mantenernos en mayor humildad que los demás conozcan y reprendan nuestras faltas. Cuando un hombre se humilla por sus defectos, entonces apacigua fácilmente a los demás, y satisface rápidamente a los que están enojados con él.

Al humilde Dios lo protege y lo libra; al humilde lo ama y lo consuela; al humilde se inclina; al humilde le da gracia, y después de deprimirlo lo eleva a la gloria. Al humilde le revela Sus secretos, y dulcemente lo atrae e invita a Sí. El humilde que ha recibido reproches se mantiene bastante bien en paz, porque está fijo en Dios y no en el mundo. Nunca pienses que has progresado hasta que te consideres inferior a todos".

- Tomás de Kempis (The Imitation of Christ. Lib. 2. cap. 2)

13.

"Es opinión común de los teólogos que quien tiene mayor grado de caridad gozará en mayor grado de la luz de la gloria celestial. Esta gloria sólo será dada a los humildes de corazón, porque la verdadera caridad se rebaja a las cosas bajas para poder ascender a las cosas elevadas. Pero ¿por qué te enorgulleces en medio de la pompa terrenal, oh polvo y ceniza, masa de podredumbre y alimento de gusanos? Si quieres abochornarte y avergonzarte de ti mismo, adquiere un claro conocimiento de ti mismo. La raíz de todo mal es el orgullo; la de todo bien, la caridad. Pero no podrás implantar la caridad, hasta que antes hayas arrancado de raíz el orgullo. El modo de arrancarlo te lo enseñará la caridad. Sólo la caridad sabe resistir al espíritu de soberbia. Resistirás al espíritu de soberbia si ocultas tus virtudes y pones al descubierto tus defectos. Sé, pues, muy vigilante y presta especial atención a esto: que el vicio de la soberbia consiste principalmente en que no estás dispuesto a tolerar de los demás ningún reproche por aquellas faltas de las que siempre estás dispuesto a acusarte a ti mismo."

-Cardenal Bona (De Art. Div. Am. cap. 19)

14.

"Si alguno se cree ser algo, siendo nada, se engaña a sí mismo". Considera que si este dicho, que el Apóstol propone para tu meditación, fuese bien entendido, acabaría con toda vana gloria. ¿Cómo es que tantos se envanecen de día en día? "La soberbia de los que te aborrecen sube continuamente". Porque de día en día se ciegan más en el conocimiento de sí mismos. Piensan dentro de sí mismos, que de sí mismos son algo, mientras que en verdad no son absolutamente nada. Escuchen, por lo tanto, esa declaración general del Apóstol, que se aplica a todos por igual: Si alguno, sea quien fuere, se cree ser algo, no dice algo grande, ¡no! sino simplemente, algo; si alguno se cree ser algo, siendo nada, se engaña a sí mismo. Esta es, pues, la sublime verdad que debe convencerte al fin: que de ti mismo no eres nada-Nihil es. ¿Por qué? Porque de ti mismo no tienes nada excepto el pecado, que es la nada suprema. Todo lo que tienes fuera del pecado es todo de Dios.

La profundización en el conocimiento de esta verdad es el camino para llegar a la verdadera humildad; porque aunque la esencia de la humildad consiste en la humilde sumisión de la voluntad, sin embargo, la norma por la cual la voluntad fija el grado de su mayor o menor abajamiento de sí misma, proviene sólo del intelecto.

-Padre Pablo Segneri (Mann. dell An. 11. Agost).

15.

"Cuando seas alabado y honrado por los demás, únete a los desprecios, a las burlas, a los insultos sufridos por el Hijo de Dios. Da por sentado que un alma verdaderamente humilde encuentra tanta humillación en los honores, como en medio del desprecio. Actúa como la abeja, que recoge su miel no menos del rocío que cae sobre el ajenjo, como del que cae sobre la rosa."

-San Vicente de Paúl.

16.

"Hijos míos, sed humildes: sed humildes".

-San Felipe Neri.

4

— · —

ORACIÓN

Implorar la gracia de la devoción y de la humildad

"Oh Señor, Dios mío, Tú eres todo mi bien, y ¿quién soy yo para atreverme a hablarte? Soy tu siervo más pobre y un miserable gusanillo, mucho más pobre y despreciable de lo que puedo concebir o atreverme a expresar. Pero recuerda, Señor, que nada soy, nada tengo y nada puedo hacer. Sólo Tú eres bueno, justo y santo: Tú puedes hacer todas las cosas, Tú das todas las cosas, Tú llenas todas las cosas, dejando sólo vacío al pecador. Acuérdate de Tus tiernas misericordias, y llena mi corazón de Tu gracia. No permitirás que Tus obras queden vacías. ¿Cómo podré sostenerme en esta vida miserable, a menos que Tu misericordia y Tu gracia me fortalezcan? No apartes de mí Tu rostro, no demores Tu visita, no retires Tu consuelo, no sea que mi alma se vuelva para Ti como tierra sin agua. Oh Señor, enséñame a hacer Tu voluntad, enséñame a conversar digna y humildemente ante Tus ojos: porque Tú eres mi sabiduría, Quien me conoce en verdad, y me conoció antes de que el mundo fuera hecho, y antes de que yo naciera en el mundo."

-Thomas à Kempis (La imitación de Cristo, 3. cap. 3).

www.ingramcontent.com/pod-product-compliance
Lightning Source LLC
Chambersburg PA
CBHW070940120626
46546CB00004B/1496